高等学校系列教材

成本管理会计案例教程

（第二版）

主　编　赵红莉

西安电子科技大学出版社

内 容 简 介

本书是围绕成本管理会计课程中关于成本核算、变动成本法、本量利分析、经营决策、全面预算管理和标准成本管理等六个方面的理论知识点编写的案例教程，其中每个案例都是按照教学案例、教学引导(案例提要和案例思考)和教学过程(数据分析和问题解答)的顺序展开，并附有部分参考答案。本书中的案例都是通过模拟一家企业的生产过程展开的，更具连贯性；涉及成本管理最主要的六个方面，更具系统性；引导学生独立思考，认真分析，更具启发性；和教学知识点联系紧密，更具互动性。

本书非常适合全日制高等学校成本管理会计课程及相应实践环节的学生学习使用，同时也适合所有从事成本管理工作的人员学习参考。

图书在版编目(CIP)数据

成本管理会计案例教程/赵红莉主编. —2版. —西安：西安电子科技大学出版社，2022.2(2023.7重印)
ISBN 978 - 7 - 5606 - 6397 - 5

Ⅰ. ① 成⋯　Ⅱ. ① 赵⋯　Ⅲ. ① 成本会计—高等学校—教材
Ⅳ. ① F234.2

中国版本图书馆 CIP 数据核字(2022)第 026534 号

策　　划　马乐惠
责任编辑　雷鸿俊
出版发行　西安电子科技大学出版社(西安市太白南路 2 号)
电　　话　(029)88202421　88201467　　邮　　编　710071
网　　址　www.xduph.com　　　　　　　电子邮箱 xdupfxb001@163.com
经　　销　新华书店
印刷单位　陕西天意印务有限责任公司
版　　次　2022 年 2 月第 2 版　2023 年 7 月第 3 次印刷
开　　本　787 毫米×960 毫米　1/16　印张　5.5
字　　数　95 千字
印　　数　2451～4450 册
定　　价　16.00 元
ISBN 978 - 7 - 5606 - 6397 - 5/F

XDUP 6699002 - 3

＊＊＊如有印装问题可调换＊＊＊

前　言

随着经济的发展和现代企业制度的建立，会计在企业经济管理中的作用越来越重要，"成本管理会计"作为会计学和财务管理专业的核心主干课，日益受到教育工作者、企业管理者的重视。"成本管理会计"的实践环节主要是为了培养学生熟练地运用所学的专业知识，根据案例资料选择合适的方法进行分析，以提高学生的感性认识和实际分析问题与解决问题的能力，为尽快适应将来的实际工作打下良好的专业基础。

"成本管理会计"课程的教学资料从最初的一本教材加上随机收集的案例，到如今的系列教材加上配套的习题与教学案例，可以说是有相当大的进步，这对于主讲教师和学生而言无疑是保证教与学质量的基础。但从主动贯彻"全方位""立体化""师生互动"和"素质教育"的教学理念出发，高校教育的主导思想不再只是传授各种知识，而应该更加注重培养学生的综合素质。

编者认为，首先，对学生的教育不应只停留在讲课层面，而是要和学生有互动交流，尤其要针对性地开展学习互动活动。其次，针对不同教学对象和内容选派相应的主讲和指导教师，重视学生在教学中的主体地位，重点是培养学生的创新能力。例如：培养学生主动思考的习惯，针对所学课程提出一些相应的研究题目，引导学生深度参与，充分发表自己的见解；积极实践，培养自己从实践中发现问题和解决问题的能力。最后，突破地域、语言、学校、设施等束缚，通过互联网来学习。

要想达到这样的目的，编写与教材同步的案例教程就很有必要。目前国内外的教材大致如此：要么单独的一本教材，课后有些习题和小案例；要么教材和习题案例分开；要么在教材每章的最前面加上个别真实案例作为开场白，可是具体阐述中却不涉及案例问题；

要么不同的编写者分开写教材和案例，但案例相互之间没有任何关联。总之，教材内容不够连贯和系统，没有针对学生要掌握的知识点做全局考虑。针对上述不足，本书通过模拟一家企业有关成本核算、变动成本法、本量利分析、经营决策、全面预算管理和标准成本管理六个方面的资料编写教学案例，希望引导学生系统地思考问题，做到与教学互动，帮助学生真正掌握所学知识。

本书是杭州电子科技大学立项的 2015 年校级教材建设项目，得到了杭州电子科技大学教务处的资助。此次修订在原先内容的基础上，适当添加了平行结转分步法、变动成本法和完全成本法结合应用的内容，有些案例的思考题也重新进行了梳理，更加突出了案例内容的全面性和实用性。本书仍由赵红莉副教授担任主编，负责编写修订全部的内容并对全书进行审核定稿。

由于编者水平有限，加之时间紧迫，书中可能还存在不足之处，敬请读者批评指正。

最后，衷心感谢西安电子科技大学出版社马乐惠编审的辛苦付出！

作　者
2021 年 12 月于杭州电子科技大学

目　录

案例一　成本核算案例

教学案例

　　ZHL 厂目前只生产一种产品 A，需要经过三个步骤依次生产出甲半成品、乙半成品和 A 产品，生产 A 产品的原材料在生产开始一次投入，各步骤的加工费用发生比较均衡，月末在产品完工程度按 50％平均计入。201×年 7 月有关资料如表 1-1 和表 1-2 所示。

表 1-1　产量资料　　　　　　　　　　单位：件

项　目	第一步	第二步	第三步
月初在产品	500	3000	4000
本月投入或上步转入	8500	8000	9000
本月完工或转入下步	8000	9000	10 000
月末在产品	1000	2000	3000

表 1-2　生产费用资料　　　　　　　　单位：元

项　目	第一步	第二步	第三步
月初在产品成本	1300	12 650	20 600
其中：直接材料（自制半成品）	950	8100	16 000
直接人工	100	1050	1150
制造费用	250	3500	3450
本月生产费用	22 650	8450	18 400
其中：直接材料	17 050		
直接人工	1600	1950	4600
制造费用	4000	6500	13 800

　　采用逐步结转分步法中的综合结转，以自制半成品成本项目结转下一步骤，各步骤直接转移不通过半成品库，要求编制各步骤产品生产成本明细账和成本还原计算表，并写出各步骤结转的会计分录。

【教学引导】

一、案例提要

三个步骤依次生产甲半成品、乙半成品和 A 产品，材料生产开始一次投入，加工费用较均衡，按 50％平均计入，各步骤直接转移不通过半成品库，采用逐步结转分步法中的综合结转，以自制半成品成本项目结转下一步骤，需要成本还原。

二、案例思考

1. 分步法的分类是什么？

2. 逐步结转分步法与平行结转分步法的优缺点及适用范围是什么？

3. 广义在产品和狭义在产品的区别是什么？应该如何理解逐步结转分步法和平行结转分步法的成本？

4. 生产费用在完工产品和在产品之间分配的方法具体有哪些？

5. 约当产量法如何分配生产费用？

6. 按照综合结转的要求计算出的产品成本为什么要进行成本还原？

7. 综合结转如何计算成本还原率？依照上面三个步骤需要还原几步？

8. 假如企业采用的是逐步结转分步法中的分项结转，如何操作？

9. 综合结转和分项结转方法的特点及适用范围是什么？分析本例中差异的形成原因。

10. 平行结转分步法的特点是什么？如何操作？

【教学过程】

一、数据分析

1. 根据表 1-1 和表 1-2 所示的资料，采用约当产量法编制第一步甲半成品生产成本明细账，如表 1-3 所示，并编制相应的会计分录。

表 1-3　第一步甲半成品生产成本明细账　　　　单位：元

摘　要	直接材料	直接人工	制造费用	成本合计
月初在产品成本(表 1-2)				
本月生产费用(表 1-2)				

续表

摘　要	直接材料	直接人工	制造费用	成本合计
生产费用合计①				
本月完工产品数量(表1-1)				
月末在产品约当产量(表1-1×50%)				
约当产量合计②				
完工产品单位成本①/②				
完工产品总成本				
月末在产品成本				

试编制第一步骤生产的甲半成品转入第二步骤的会计分录。

2. 根据表1-1和表1-2所示的资料,结合表1-3综合转入的甲半成品成本,采用约当产量法编制第二步乙半成品生产成本明细账,如表1-4所示,并编制相应的会计分录。

表1-4　第二步乙半成品生产成本明细账
单位:元

摘　要	自制半成品	直接人工	制造费用	成本合计
月初在产品成本(表1-2)				
本月生产费用(表1-2)				
本月上步转入【综合】(表1-3)				
生产费用合计①				
本月完工产品数量(表1-1)				
月末在产品约当产量(表1-1×50%)				
约当产量合计②				
完工产品单位成本①/②				
完工产品总成本				
月末在产品成本				

试编制第二步骤生产的乙半成品转入第三步骤的会计分录。

3. 根据表1-1和表1-2所示的资料,结合表1-4综合转入的乙半成品成本,采用约当产量法编制第三步A产品生产成本明细账,如表1-5所示,并编制相应的会计分录。

表1-5 第三步A产品生产成本明细账　　　　单位:元

摘　要	自制半成品	直接人工	制造费用	成本合计
月初在产品成本(表1-2)				
本月生产费用(表1-2)				
本月上步转入【综合】(表1-4)				
生产费用合计①				
本月完工产品数量(表1-1)				
月末在产品约当产量(表1-1×50%)				
约当产量合计②				
完工产品单位成本①/②				
完工产品总成本				
月末在产品成本				

试编制第三步A产品入库的会计分录。

4. 根据表1-3、表1-4和表1-5所示计算的资料,编制产品成本还原计算表,如表1-6所示。

表 1-6　产品成本还原计算表　　　　单位：元

项　目	成本还原率	乙半成品	甲半成品	直接材料	直接人工	制造费用	合计
还原前总成本							
乙半成品成本							
乙半成品成本还原	[1]						
甲半成品成本							
甲半成品成本还原	[2]						
还原后总成本							
还原后单位成本							

注：[1]＝
　　[2]＝

二、问题解答

1. 分步法的分类是什么？

2. 逐步结转分步法与平行结转分步法的优缺点及适用范围是什么？

3. 广义在产品和狭义在产品的区别是什么？应该如何理解逐步结转分步法和平行结转分步法的成本？

4. 生产费用在完工产品和在产品之间分配的方法具体有哪些？

5. 约当产量法如何分配生产费用？

6. 按照综合结转的要求计算出的产品成本为什么要进行成本还原？

7. 什么是成本还原？如何计算成本还原率？依照要求上面三个步骤需要还原几步？

8. 假如企业采用的是逐步结转分步法中的分项结转，如何操作？

第一步和综合结转的计算一致，只是结转第一步下面各步骤时分成本项目转入会有不同，现分析如下（见表1-7~表1-9）：

表1-7 第一步甲半成品生产成本明细账　　　　　单位：元

摘　要	直接材料	直接人工	制造费用	成本合计
月初在产品成本(表1-2)				
本月生产费用(表1-2)				
生产费用合计①				
本月完工产品数量(表1-1)				
月末在产品约当产量(表1-1×50%)				
约当产量合计②				
完工产品单位成本①/②				
完工产品总成本				
月末在产品成本				

试编制第一步生产的甲半成品转入第二步的会计分录。

表1-8 第二步乙半成品生产成本明细账 单位：元

摘 要	直接材料	直接人工	制造费用	成本合计
月初在产品成本(表1-2)				
本月生产费用(表1-2)				
本月上步转入【分项】(表1-7)				
生产费用合计①				
本月完工产品数量(表1-1)				
月末在产品约当产量(表1-1×50%)				
约当产量合计②				
完工产品单位成本①/②				
完工产品总成本				
月末在产品成本				

试编制第二步生产的乙半成品转入第三步的会计分录。

表1-9 第三步A产品生产成本明细账 单位：元

摘 要	直接材料	直接人工	制造费用	成本合计
月初在产品成本(表1-2)				
本月生产费用(表1-2)				
本月上步转入【分项】(表1-8)				
生产费用合计①				
本月完工产品数量(表1-1)				
月末在产品约当产量(表1-1×50%)				
约当产量合计②				
完工产品单位成本①/②				
完工产品总成本				
月末在产品成本				

试编制第三步 A 产品入库的会计分录。

9. 综合结转和分项结转方法的特点及适用范围是什么？分析本例中差异形成的原因。

10. 平行结转分步法的特点是什么？如何操作？

假如产量资料还是如表 1-1 所示，只是表 1-2 的生产费用资料稍加变动，如表 1-10 所示。现分析如下（见表 1-11～表 1-14）：

表 1-10　生产费用资料　　　　　　　　单位:元

项　　目	第一步	第二步	第三步
月初在产品成本	1300	4550	4600
其中:直接材料(自制半成品)	950		
直接人工	100	1050	1150
制造费用	250	3500	3450
本月生产费用	22 650	8450	18 400
其中:直接材料	17 050		
直接人工	1600	1950	4600
制造费用	4000	6500	13 800

表1-11 第一步甲半成品生产成本明细账 单位:元

摘 要	直接材料	直接人工	制造费用	成本合计
月初在产品成本(表1-10)				
本月生产费用(表1-10)				
生产费用合计①				
本月完工产品数量(表1-1)				
月末在产品约当产量(注明计算)	[1]	[2]	[2]	
约当产量合计②				
分配率①/②				
计入产成品的份额				
月末在产品成本				

注:月末在产品约当产量计算

  [1]=

  [2]=

表1-12 第二步乙半成品生产成本明细账 单位:元

摘 要	直接材料	直接人工	制造费用	成本合计
月初在产品成本(表1-10)				
本月生产费用(表1-10)				
生产费用合计①				
本月完工产品数量(表1-1)				
月末在产品约当产量(注明计算)		[3]	[3]	
约当产量合计②				
分配率①/②				
计入产成品的份额				
月末在产品成本				

注:月末在产品约当产量计算

  [3]=

表 1-13　第三步 A 产品生产成本明细账　　　　　单位:元

摘　　要	直接材料	直接人工	制造费用	成本合计
月初在产品成本(表 1-10)				
本月生产费用(表 1-10)				
生产费用合计①				
本月完工产品数量(表 1-1)				
月末在产品约当产量(注明计算)		[4]	[4]	
约当产量合计②				
分配率①/②				
计入产成品的份额				
月末在产品成本				

注:月末在产品约当产量计算

[4]=

表 1-14　产成品 A 产品成本汇总表　　　　　单位:元

项　　目	直接材料	直接人工	制造费用	成本合计
第一步骤计入产成品的份额				
第二步骤计入产成品的份额				
第三步骤计入产成品的份额				
完工产品总成本				
完工产品单位成本				

试编制产成品 A 产品入库的会计分录。

【部分答案】

表 1-5 综合结转分步法最后步骤完工产品总成本 60 000 元。

表 1-6 成本还原率 1.1111 和 1.25。

表 1-9 分项结转分步法最后步骤完工产品总成本 62 000 元。

表 1-14 产成品 A 产品成本汇总合计为 44 370 元。

问题解答 1

由于成本管理对各步骤成本资料的要求不同,分步法可分为逐步结转分步法和平行结转分步法。采用逐步结转分步法,按照结转的半成品成本在下一步骤产品成本明细账中的反映方法,分为综合结转法和分项结转法。

问题解答 2

(1) 逐步结转分步法的优点:

① 提供各个生产步骤的半成品成本资料;

② 实物流转和成本结转一致;

③ 分项结转不必进行成本还原。

(2) 逐步结转分步法的缺点:

① 核算较复杂,及时性较差;

② 综合结转需要成本还原;

③ 分项结转的核算工作量较大。

(3) 逐步结转分步法的适用范围:半成品品种不多、逐步结转半成品成本的工作量不是很大的情况下,或者半成品的种类较多,但管理上要求提供各个生产步骤半成品成本信息的情况下采用。

(4) 平行结转法的优点:

① 平行计算份额汇总,不必逐步结转半成品成本;

② 简化和加速成本计算工作;

③ 成本项目平行归集,不必进行成本还原。

(5) 平行结转法的缺点:

① 各步骤成本计算明细账上汇集的生产费用不完整;

② 半成品的实物转移同成本结转相脱节。

(6) 平行结转法的适用范围:半成品种类较多,逐步结转半成品成本的工作量较大,管理上又不要求提供各步骤半成品成本信息的情况下采用。

问题解答 3

(1) 狭义的在产品成本是指正停留在生产车间进行加工的产品成本、正在车间返修的废品的成本,以及虽已完成了本车间生产,但尚未送验入库的产品的成本。广义的在产品成本则是指从原材料等投入生产以后,到最后加工完成、交付验收以前的一切未完工产品的成本。

(2) 逐步结转分步法各步骤产品成本明细账上反映的是狭义在产品的成本,平行结转法各步骤产品成本明细账上反映的是广义在产品的成本。

问题解答 4

(1) 不计算在产品成本法;

（2）在产品成本按年初数固定计算法；

（3）在产品按所耗直接材料费用计价法；

（4）在产品按完工产品成本计算法；

（5）约当产量比例法；

（6）在产品按定额成本计价法；

（7）定额比例法。

问题解答 5

月末在产品数量按其投料程度或完工程度折算，分别按产品成本项目计算月末在产品的约当产量。

问题解答 6

采用综合结转半成品成本的方法，各生产步骤所耗用的上一步骤半成品的成本是以"自制半成品"或"直接材料"项目综合反映的。这样计算出来的产成品成本，不能提供按原始成本项目反映的成本资料，不利于成本分析和考核。

问题解答 7

成本还原采用倒顺序法，即成本还原率$=\dfrac{本月产成品所耗上一步骤半成品成本合计}{本月所产该种半成品成本合计}$，

简单表述就是成本还原率$=\dfrac{还谁}{按谁还}$。依照要求，n 个步骤还原 $n-1$ 步，此例需还原两步。

问题解答 9

（1）分项结转法的特点是将各步骤所耗用的上一步骤半成品成本，按照成本项目分项转入该步骤产品成本明细账的各个成本项目中。

（2）综合结转和分项结转计算的单位成本会高低不一致的原因是：综合结转是上一步骤的半成品成本综合转入下一步骤，除以约当产量合计时各个成本项目的不同导致单位成本出现高低不一致。

问题解答 10

平行结转分步法的特点是各步骤的成本计算对象均为最终完工产成品；半成品实物流转与半成品成本的结转相分离；各步骤只汇集本步骤发生的费用，只要尚未最终加工为产成品，该半成品成本仍留在本步骤；都不通过"自制半成品"科目进行总分类核算，各步骤产品成本明细账上反映的是广义在产品的成本，不是按在产品的所在地反映，而是留在其发生地。

案例二　变动成本法与完全成本法比较案例

教学案例

王凯担任 ZHL 厂销售部的经理已经三年了，三年来销售部的业绩一直不错，企业的净利润每年都有大幅度的增加。王凯的老板负责经营的副总经理答应，如果今年能保持同样的利润增长，将奖励他的部门 10 000 元。王凯信心十足，因为当年的销售额已经超过了去年，而成本与去年持平。

第三年末，王凯收到了三年来的成本、费用和利润表等相关数据。但读完这些数据，王凯的高兴劲儿一扫而光，因为在成本保持稳定的情况下销售额虽比去年增加了 20%，但第三年的利润并没有大幅度增加，相反却降低了一些。他认为一定是会计部门弄错了。当他怒气冲冲找到会计部时，会计主任李达却非常有耐心地向他解释了出现异常结果的原因。

李达："王凯先别急，今年的确没有算错。虽然今年净利润确实比前两年低，但这很容易通过存货的变动来解释。"

王凯："存货？它与利润有什么关系？我承认存货在过去的两年里是增加了，但今年我们采取有效措施，增加了销售量并把前两年的存货都卖掉了，这是好事，不应是坏事啊！"

李达："王凯，从经营角度看销售额提高确实是好事，但你没有意识到存货中也包含着成本，而这些成本直到销售后才列示在利润表上，这些成本要从收入中补偿，从而降低了当前利润。"

王凯："这样做对我们太不公平了，即使我们努力售出所有存货，实现预定的成本和销售计划，而利润表上的利润却没有增长，我们就会失去奖金？"

李达："是的，王凯，非常抱歉。因为我们企业使用完全成本法核算损益，这是公认的会计准则所要求的。当然，还有另外一种方法可用，那就是变动成本法，而且在我看来你正不自觉地使用了这种方法。"

王凯："有两种计算利润的方法吗？它们有什么区别吗？"

李达："是的，它们有本质的区别。简单说，在变动成本法下，存货变动不会影响分期损益，利润会和销量保持同步。因此，如果用变动成本法计算的话，你们三年来销量都不断增长，今年的利润就会比过去两年的利润高出一些。从长期看，不管用何种方法计算三年利润总额都会相等。"

【教学引导】

一、案例提要

王凯带领的销售部三年来的业绩一年比一年好，他们本来很有信心得到副总承诺给他们的 10 000 元奖金，可是当他看到三年来的成本、费用和利润表等相关数据时大为震惊，因为他没有看到第三年企业利润有大幅度的增加，反而比第二年降低了，按照约定他们将没有奖金。虽然会计主任李达解释了企业核算损益采用的是完全成本法，但是王凯还是对企业利润没有随着销售量增加保持同步很难理解。

二、案例思考

1. 什么是变动成本法？

2. 什么是完全成本法？

3. 变动成本法的产品构成内容有哪些？

4. 完全成本法的产品构成内容有哪些？

5. 变动成本法分期损益如何确定？公式是什么？利润表的名字是什么？

6. 完全成本法分期损益如何确定？公式是什么？利润表的名字是什么？

7. 为什么王凯他们会得不到 10 000 元奖金？

8. 采用变动成本法编制各年度的利润表，并分析与完全成本法计算的利润有差异的原因。

9. 如果你是那位副总经理，你将选择哪一种利润表（变动成本法还是完全成本法）评价王凯所在的销售部的业绩？为什么？

10. 变动成本法和完全成本法两种方法为什么能结合使用？根据资料如何具体操作？

【教学过程】

一、数据分析

表 2-1 是王凯收到的三年的产销量、成本、费用资料和用完全成本法编制的利润表。

表 2-1 产销量和成本、费用资料

	第一年	第二年	第三年
期初存货/件	0	20 000	30 000
生产量/件	100 000	110 000	90 000
销售量/件	80 000	100 000	120 000
期末存货/件	20 000	30 000	0
直接材料总额/元	200 000	220 000	180 000
直接人工总额/元	100 000	110 000	90 000
制造费用总额/元	300 000	310 000	290 000
销售及管理费用总额/元	50 000	60 000	70 000
固定制造费用总额/元			
固定销售及管理费用总额/元			
单位变动生产成本/元			
直接材料/元			
直接人工/元			
变动制造费用/元			
单位变动销售及管理费用/元			
预计固定制造费用分配率/元			

注：未填数据需要按照要求计算后填列。

1. 直接材料总额和直接人工总额与产量的变动保持严格的正比例变动，按照三年的数据分析得到单位变动生产成本中的直接材料为_____元，直接人工为_____元。

2. 制造费用总额中包括变动成本、固定成本和混合成本三类，会计部门曾对第一年的制造费用总额进行了分析，各类成本组成如下：

$x_{产量} = 100\ 000$ 件；$y_{制造} = 300\ 000$ 元（其中 $y_{变动} = 80\ 000$ 元，$y_{固定} = 193\ 000$ 元，$y_{混合} = 27\ 000$ 元）

根据制造费用与业务量变动具有稳定的比例关系，可采用高低点法分析制造费用总额，得出混合成本分解的公式，并由此分析第二年和第三年的制造费用总额中三类成本构成。

通过分析得出固定制造费用总额为_____元，单位变动生产成本中的变动制造费用为_____元。

3. 销售及管理费用总额中包括变动成本和固定成本两类，会计部门也对第一年的销售及管理费用总额进行了分析，各类成本组成如下：

$$x_{销量} = 80\ 000\ 件；y_{销售及管理} = 50\ 000\ 元（其中 \ y_{变动} = 40\ 000\ 元，y_{固定} = 10\ 000\ 元）$$

通过分析得出固定销售及管理费用总额为_____元，单位变动及销售管理费用为_____元。

4. 预计固定性制造费用分配率是以预计生产量和固定性制造费用预算数为基础计算的。假定每年预计生产量为 100 000 件，固定制造费用预算数200 000 元。

通过分析得出预计制造费用分配率为_____元/件。任何少分配或多分配的固定性制造费用都结转进"产品销售成本"账户。完全成本法计算损益时，固定制造费用分摊进入产品成本，在已销售产品和存货中都有这部分成本。当按照实际生产量和预计固定制造费用分配率计算的分配额大于实际发生额时，多分配的固定制造费用需要冲减，反之，少分配的固定制造费用需要补足。完全成本法计算的年度利润表如表 2-2 所示。

表 2-2　年度利润表(完全成本法)　　　　　单位：元

	第一年	第二年	第三年
销售收入	600 000	750 000	900 000
减：产品销售成本	480 000 [1]	580 000 [2]	740 000 [3]
销售毛利	120 000	170 000	160 000
减：销售及管理费用	50 000 [4]	60 000 [5]	70 000 [6]
净利润	70 000	110 000	90 000

其中：销售单价为 7.5 元，存货采用后进先出法。

5. 分析产品销售成本和销售及管理费用的计算：

(1) 产品销售成本＝销量×(单位变动生产成本＋预计固定制造费用分配率)

　　　　　　－(生产量×预计固定制造费用分配率

　　　　　　－实际固定制造费用发生额)

　　　　　＝已销产品变动生产成本＋已销产品吸收的固定制造费用

［1］480 000＝

［2］580 000＝

［3］740 000＝

（2）销售及管理费用＝销量×单位变动销售及管理费用＋固定销售及管理费用

［4］50 000＝

［5］60 000＝

［6］70 000＝

三年净利润总额为_____元。

二、问题解答

1. 什么是变动成本法？

2. 什么是完全成本法？

3. 变动成本法的产品构成内容有哪些？

4. 完全成本法的产品构成内容有哪些？

5. 变动成本法分期损益如何确定？公式是什么？利润表的名字是什么？

6. 完全成本法分期损益如何确定？公式是什么？利润表的名字是什么？

7. 为什么王凯他们会得不到 10 000 元奖金？

8. 采用变动成本法编制各年度的利润表，并分析与完全成本法计算的净利润有差异的原因。

（1）采用变动成本法编制的各年度利润表如表 2-3 所示。

表 2-3　年度利润表（变动成本法）　　　　　　　单位：元

	第一年	第二年	第三年
销售收入			
减：变动成本			
变动生产成本			
变动销售及管理费用			
贡献毛益			
减：固定成本			
固定制造费用			
固定销售及管理费用			
净利润			

其中：变动成本＝变动生产成本＋变动销售及管理费用

　　　　　　＝销量×单位变动生产成本＋销量×单位变动销售及

　　　　　管理费用

固定成本＝固定制造费用＋固定销售及管理费用

三年净利润总额为＿＿＿＿＿元。

（2）两种成本计算方法下的各年净利润差异比较如表 2-4 所示。

表 2 - 4　两种成本计算方法下的各年净利润差异比较　　单位：元

年份	销量(件)	P(完全)①	P(变动)②	ΔP①-②	固制(完全)③	固制(变动)④	Δ固制③-④

由表 2 - 4 中的数据比较，分析如下：

殊不知，企业采用完全成本法计算的净利润与采用变动成本法计算的净利润存在差异，有三条规律可供借鉴：

各年的净利润差额如表 2 - 5 所示。

表 2 - 5　各年净利润差额

	第一年	第二年	第三年
期初存货/件			
生产量/件			
销售量/件			
期末存货/件			
期初存货吸收固定制造费用/元			
期末存货吸收固定制造费用/元			
差额＝P(完全)－P(变动)/元 ＝固制(期末)－固制(期初)/元			

9. 如果你是那位副总经理，你将选择哪一种损益表(变动成本法还是完全成本法)评价王凯所在的销售部的业绩？为什么？

通过表 2-3、表 2-4 和表 2-5 的分析，可以清楚地看出变动成本法和完全成本法的区别，毕竟两种方法各有优势和局限性，具体表现在以下方面：

(1) 变动成本法的优势和局限性：

(2) 完全成本法的优势和局限性：

(3) 评价王凯他们的业绩应采用_____，原因在于：

10. 变动成本法和完全成本法两种方法为什么能结合使用？根据资料如何具体操作？

根据某企业 2021 年 8 月发生的经济业务分别编制会计分录：

(1) 本月投产 A 产品 110 000 件，在生产过程中所消耗的变动生产成本为：直接材料 200 000 元，直接人工 100 000 元，变动制造费用 100 000 元。

(2) 月末完工 A 产成品 90 000 件，在产品 20 000 件[约当完工产品 10 000 件]。

(3) 月末销售 A 产成品 80 000 件，销售单价为 7.5 元，单位变动及销售管理费用为 0.5 元，全部收到货款。

(4) 转销本月售出 A 产成品 80 000 件的变动生产成本总额。

(5) 本月共发生固定制造费用 20 0000 元，固定销售及管理费用 10 000元，变动销售及管理费用均通过银行存款支付。

(6) 将本月已销售的 A 产成品应分摊的固定制造费用转入销售成本。

(7) 将本月发生的销售及管理费用转入销售成本。

（8）将本期销售收入结转本期利润。

（9）将本期销售成本结转本期利润。

（10）将上述主要会计处理程序编制流程图。

（11）分别编制两种成本计算方法下的利润表和资产负债表并进行分析。

解 （1）登记投产 A 产品 110 000 件所耗用的变动生产成本的会计分录：

（2）计算 A 产品的单位变动生产成本(b)：

单位变动生产成本(b)＝

完工 A 产成品的会计分录：

（3）售出 A 产成品 80 000 件并收到货款的会计分录：

（4）转销售出 A 产成品 80 000 件的变动生产成本的会计分录：

（5）登记本月发生的固定制造费用、固定销售及管理费用和变动及销售管理费用以银行存款支付的会计分录：

（6）根据固定制造费用分配率分摊有关的固定制造费用：

固定制造费用分配率＝

已销售产成品应分摊的固定制造费用＝

期末产成品存货应分摊的固定制造费用＝

期末在产品存货应分摊的固定制造费用＝

将本期已销售的 A 产成品应分摊的固定制造费用转入销售成本的会计分录：

（7）将本月发生的销售及管理费用转入销售成本的会计分录：

（8）将本期销售收入结转本期利润账户的会计分录：

（9）将本期销售成本结转本期利润账户的会计分录：

（10）将上述有关会计分录编制主要会计处理程序流程图，如图 2 - 1 所示。

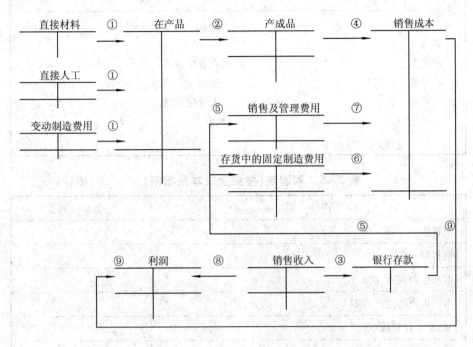

图 2-1　主要会计处理程序流程图

（11）分别编制两种成本计算方法下的利润表和资产负债表，见表 2-6、表 2-7、表 2-8 和表 2-9。

表 2-6　**利润表（按变动成本法编制）**　　　　　　　单位：元

摘　要	金　额
销售收入总额	
变动成本总额	
贡献毛益总额	
减：固定制造费用	
固定销售及管理费用	
固定成本总额	
税前净利	

表2-7 资产负债表(按变动成本法编制) 单位:元

资 产	权 益
流动资产: 　现金 　产成品 　在产品	负债: 所有者权益: 　股本 　未分配利润 ［相差］

表2-8 利润表(按完全成本法编制) 单位:元

摘 要	金 额
销售收入总额	
期初存货成本	
本期生产成本	
可供销售的生产成本	
减:期末存货成本	
销售成本总额	
销售毛利总额	
减:销售及管理费用	
税前净利	

表2-9 资产负债表(按完全成本法编制) 单位:元

资 产	权 益
流动资产: 　现金 　产成品 　在产品	负债: 所有者权益: 　股本 　未分配利润 ［相差］

从两种成本计算方法编制的利润表可以看出：

从两种成本计算方法编制的资产负债表可以看出：

【部分答案】

表 2-1 单位变动生产成本三年都是 4 元。

　　　固定制造费用总额三年都是 200 000 元。

表 2-3 变动成本法计算的三年净利润分别为 30 000 元、90 000 元和 150 000 元。

表 2-6 和表 2-8 税前净利分别为 30 000 元和 70 000 元。

问题解答 1

变动成本法是指在计算产品成本和存货成本时，只包括在生产过程中所消耗的直接材料、直接人工和变动制造费用，而把固定制造费用全数以"期间成本"的名称列入利润表，作为"贡献毛益总额"的减项的一种成本计算方法。

问题解答 2

完全成本法是指在计算产品成本和存货成本时，把一定期间内在生产过程中所消耗的直接材料、直接人工、变动制造费用和固定制造费用的全部成本都包括在内的方法。

问题解答 3

变动成本法下的产品成本只包括变动生产成本。

问题解答 4

完全成本法下的产品成本包括全部生产成本。

问题解答 5

(1) 销售收入总额－变动成本总额＝贡献毛益总额

　　贡献毛益总额－固定成本总额＝税前净利

（2）贡献式利润表

问题解答 6

（1）销售收入总额－销售成本总额＝销售毛利总额

销售毛利总额－期间成本总额＝税前净利

（2）职能式利润表

问题解答 7

企业会计部门使用的是完全成本法计算净利润，完全成本法下的产品成本包括了当年固定制造费用按照当年生产量的分摊，因此当年期末存货成本也包含了同样的成本构成，尤其是期末存货吸收的这部分固定制造费用当年并没有扣除，只是被递延到后期，直到这部分存货被销售才在利润表中体现，从而影响后期损益，表现为当前净利润高，后期净利润反低，没能和销售量保持同步。

问题解答 8

两种方法最根本的区别在于对固定制造费用处理的不同。企业采用完全成本法计算的净利润与采用变动成本法计算的净利润存在差异，有三条规律可供借鉴：

（1）当期末存货吸收固定制造费用＝期初存货吸收固定制造费用，P（完全）＝P（变动）；

（2）当期末存货吸收固定制造费用＞期初存货吸收固定制造费用，P（完全）＞P（变动），差额＝P（完全）－P（变动）＝期末存货吸收固定制造费用－期初存货吸收固定制造费用；

（3）当期末存货吸收固定制造费用＜期初存货吸收固定制造费用，P（完全）＜P（变动），差额＝P（完全）－P（变动）＝期末存货吸收固定制造费用－期初存货吸收固定制造费用；

问题解答 9

（1）变动成本法的优势和局限性：

① 采用变动成本法有利于企业的短期预测和决策。

② 采用变动成本法有利于科学地进行成本分析、成本控制和业绩考评，有利于推行和完善经济责任制。

③ 采用变动成本法可防止企业盲目生产，注重销售，有利于全面完成产销计划。

④ 采用变动成本法可以简化成本计算工作。

⑤ 采用变动成本法不符合传统成本概念、产品定价、对外报告和计税的要求。

（2）完全成本法的优势和局限性：

① 采用完全成本法能使人们重视生产环节。

② 采用完全成本法比变动成本法更客观地确定产品的实际成本。

③ 采用完全成本法是公认的会计准则所要求的，它提供的成本资料可以直接用来编制对外的财务报表，不需要进一步加工处理。

④ 采用完全成本法产量的波动会导致利润的波动，有时可能导致错误的决策，不易被管理部门所理解，可能造成企业盲目生产，不注重销售。

评价王凯他们部门的业绩时，应以变动成本法计算的企业净利润更合适。

问题解答 10

（1）完全成本法与变动成本法各自都有优缺点，或者说，各自有其适用性和局限性。同时，在某种意义上说，两者的优缺点正好又是互相转化的。比如，完全成本法适用于编制对外财务报告，而变动成本法却不适合；前者无法提供企业经营管理需要的各种有用信息，不利于企业的短期决策，而后者正好可以提供这些信息，有利于短期决策。因此，两者不是互相排斥，也不可能互相取代，而应互相结合，互相补充。

（2）具体做法：

① 设置"在产品""产成品"等账户用来登记变动成本。

② 设置"变动制造费用"账户，归集日常生产过程中发生的各种变动制造费用，期末将发生额转入"在产品"账户，用来计算产成品和在产品的成本。

③ 设置"存货中的固定制造费用"账户，归集日常发生的各种固定制造费用，期末按当期产品销售量的比例，把其中应归属于本期已销售产品的部分转入"销售成本"账户，并列入利润表作为本期销售收入的一个扣减项目；对其中应属于期末在产品、产成品的部分，则仍留在该账户上，即该账户的期末余额，并将其余额附加在资产负债表上的在产品、产成品项目上，使它们仍按所耗费的全部成本列示。

④ "销售成本"账户仍然按完全成本法使用，已销售产品的变动成本由"产成品"账户转入，应负担的固定制造费用由"存货中的固定制造费用"账户转入。

⑤ 根据有关账户资料加以调整，便可以分别编制两种成本计算方法下的资产负债表和利润表。

案例三　本量利分析案例

　　王凯担任 ZHL 厂销售部的经理已经三年了，三年来他带领的销售部的业绩一年比一年好，他们本来很有信心得到副总承诺给他们的 10 000 元奖金，可是当他看到三年来的成本、费用和利润表等相关数据时，他没有看到第三年企业净利润的大幅增加，反而比第二年的降低了，按照约定他们失去了奖金。虽然会计主任李达解释了企业核算损益采用的是完全成本法，但是王凯还是对企业净利润没有随着销售量增加保持同步很难理解。毕竟王凯所在的销售部主要职责就是努力开拓销售渠道、增加产品销量、扩大市场份额，销售量才能真实地反映王凯他们的业绩。所以，评价王凯他们部门的业绩时，应以变动成本法计算的企业净利润更合适。因为采用变动成本法计算，利润就直接跟销售量挂钩，销售量越多，利润就越高，这对于王凯他们来说是公平的。所以，副总打算从明年开始按照变动成本法核算企业损益，这对于销售部来讲是件好事，因为销量越大，企业获利越多。这让王凯他们又重燃了信心，只要企业有生产潜力，接下来就要看他们销售部的能力了，副总也希望借助本量利分析的方法为企业实现目标利润做个研判。

　　首先，该厂生产的产品 A，成本费用资料见案例二的计算结果，预计贡献毛益率为 40%，那么企业达到盈亏临界状态需要销售多少实物单位（或金额）？

　　其次，前三年的销量分别是 80 000 件、100 000 件和 120 000 件，按照变动成本法计算的净利润每年递增，按照预计第四年在销售单价和成本水平不变的情况下，企业应该销售多少实物单位（或金额）才能实现目标利润？

　　再次，影响利润的各个因素的敏感程度不同，第四年为了实现其目标利润，这些因素将会使利润产生多大程度的上升或下降？

　　最后，假如企业仍有剩余生产能力，打算采取薄利多销以争取实现更多的目标利润，那么生产部门和销售部门将如何配合才能完成目标利润？

【教学引导】

一、案例提要

王凯带领的销售部业绩逐年大幅提升,原本第三年有望得到的 10 000 元奖金,随着企业核算损益的完全成本法有欠公允而泡汤,副总答应从第四年开始按照变动成本法核算损益,让王凯他们重拾销售激情,打算大干一场,副总也借此判断一下企业要实现更高的目标利润该采取哪些有效措施。

二、案例思考

1. 企业是如何把 A 产品销售单价定为 7.5 元的?

2. 企业达到盈亏临界状态需要销售多少实物单位(或金额)?

3. 按照预计,第四年的目标利润会是多少?在销售单价和成本水平不变的情况下,企业应该销售多少实物单位(或金额)才能实现这个目标利润?

4. 影响利润的各因素的敏感程度如何?

5. 假如企业仍有剩余生产能力,打算采取薄利多销以争取实现更多的目标利润,那么生产部门和销售部门将如何配合才能完成目标利润?

【教学过程】

一、数据分析

参见案例二的计算结果,ZHL 厂生产的产品 A 的成本费用资料如表 3-1 所示。

表 3-1 产品 A 的成本费用资料

项 目	金 额
单位变动生产成本/元	
直接材料/元	
直接人工/元	
变动制造费用/元	
固定制造费用总额/元	
单位变动销售及管理费用/元	
固定销售及管理费用总额/元	

预计贡献毛益率为 40%。前三年按照变动成本法计算的净利润每年递增_____元，按照预计，第四年企业要实现的目标利润将达到_____元。假如企业仍有剩余生产能力，采用薄利多销以争取实现目标利润 230 000 元，那么生产部门和销售部门将如何配合才能完成目标利润。

二、问题解答

1. 正常情况下采用贡献毛益率定价法计算得出 A 产品的销售单价为 7.5 元：

2. 企业达到盈亏临界状态需要销售多少实物单位（或金额）？计算保本点如下：

由上可知，企业达到盈亏临界状态，销量要达到_____件，销售额要达到_____元。

3. (1) 超过保本点的销售量创造的贡献毛益即为企业获取的利润，前三年的净利润计算如下：

第一年：$P_1 =$

第二年：$P_2 =$

第三年：$P_3 =$

由上可知，前三年每年销量增加 20 000 件，净利润增加_____元。

(2) 按照预计，第四年销量和净利润的增加也保持往年同步增长，企业需要销售多少实物单位（或金额）？计算保利点如下：

由上可知，第四年的销量达到_____件，销售额达到_____元。

4. 如果第四年确实要实现目标利润_____元，影响利润的各个因素要增加或降低多少？

(1) 销售单价 $p' =$

由上可知，在其他因素不变情况下，销售单价从 7.5 元提高到_____

元，销售单价提高_____%。

(2) 单位变动成本 $b'=$

由上可知，在其他因素不变情况下，单位变动成本从_____元降低到
_____元，单位变动成本降低_____%。

(3) 销量 $x'=$

由上可知，在其他因素不变情况下，销量从 120 000 件增到_____件，
销量增长_____%。

(4) 固定成本总额 $a'=$

由上可知，在其他因素不变情况下，固定成本总额从_____元降低到
_____元，固定成本总额降低_____%。

(5) 利用影响利润各因素的敏感性计算公式也可以得出相同的结果，进而
计算相应的敏感系数。根据第三年的相关数据和第四年预计保持同样的利润
增长，计算利润预测的敏感分析如下：

销售单价增长率 $R_2=P \cdot R_1/px=$

单位变动成本降低率 $R_3=P \cdot R_1/bx=$

销量增长率 $R_4=P \cdot R_1/(p-b)x=$

固定成本总额降低率 $R_5=P \cdot R_1/a=$

(6) 影响利润的各个因素的敏感系数计算如下：

销售单价的敏感系数 $=R_1/R_2=$

单位变动成本的敏感系数 $=R_1/R_3=$

销量的敏感系数 $=R_1/R_4=$

固定成本总额敏感系数 $=R_1/R_5=$

由上可知，

5. 假如企业仍有剩余生产能力，打算采用薄利多销争取实现目标利润
230 000 元，需要采取的有效措施分析如下：

(1) 计算降价 0.5 元后实现目标利润所需的销售量为：

$T_{Su'}=(a+TP')/(p'-b)=$

降价后如果销售部门能实现_____件的销量，而生产部门也能生产出

来，那么目标利润就实现了。如果销售部门认为难度大，降价 0.5 元也只能销售 160 000 件，那么就需要在降低成本上挖掘潜力。

（2）计算单价为 7 元而销量为 160 000 件要实现目标利润时的单位变动成本为：

$$b' = [p'x' - (a + TP')]/x' =$$

为了实现目标利润，降价 0.5 元的同时还需降低单位变动成本 _____ 元。如果生产部门认为通过降低原材料和人工成本可以做到，那么目标利润可以实现。可是生产部门通过努力也只能将单位变动成本降到 4.4 元，为此企业还需要压缩固定成本支出。

（3）计算单价为 7 元、单位变动成本 4.4 元而销量为 160 000 件要实现目标利润时的固定成本总额为：

$$a' = (p' - b')x' - TP' =$$

为实现目标利润 230 000 元，在降价 0.5 元，销量达到 160 000 件，单位变动成本降到 4.4 元的同时，还需压缩固定成本总额 _____ 元，否则还需进一步寻找其他增收节支的办法，并重新计算和落实，或者建议经理修改目标利润。

【部分答案】

问题解答 4

（6）销售单价、单位变动成本、销量和固定成本总额的敏感系数分别为 6、－3.6、2.4 和 －1.4。

案例四 经营决策案例

目前 ZHL 厂只生产一种产品 A,成本费用资料见案例二的计算结果。按照预计贡献毛益率为 40% 计算的销售单价为 7.5 元,前三年的销量分别是 80 000 件、100 000 件和 120 000 件,预计第四年企业要实现销量同步增长 20 000 件达到 140 000 件。为了得到生产和销售的双丰收,该公司副总经理特召集各部门经理开会商讨对策。

副总经理首先说明:"我公司虽然连续三年盈利,但是去年在销售同步增长 20 000 件的势头下,利润却下滑 20 000 元,若今年不能扭转局面,将无法按时偿还银行贷款,公司势必要面临资金压力,形势非常严峻,请各位献计献策啊。"

销售部经理王凯说:"副总,我看问题的关键在于公司采用的完全成本计算法核算损益,生产部门做得越多,即使都压在仓库里,当期利润还是有的,而对我们销售部不公平,我们努力了半天,把压老底的货都卖了,利润也不及他们漂亮,以此考核我们的业绩,还哪有信心卖哟,卖得越多我们越吃亏啊!"

生产部经理赵明说:"虽说我们只管生产,不管销售,可是现如今材料价格和人工成本都在涨,但由于竞争的关系,我们又不能大幅提高售价,否则千辛万苦生产出来到头又成了库存积压品,还是要请推销人员千方百计地去搞促销活动,多拉些订单来才是。"

王凯胸有成竹地说:"办法是人想的,虽然公司没有钱大打广告牌,但我们可以多参加一些贸易洽谈会,到时候接些额外订单也是没问题的。只是根据以往经验,那些客户给出的价可比正常的销售单价要低,到时利润可就更薄了,只有请生产部门的工程技术人员想方设法,改进工艺,减少消耗,降低制造成本。"

赵明一听乐了:"我们设计生产能力只用了大半,不用也是浪费啦,你们有能力拉来订单我们就照单全收。即使没有额外订单,我们也可以自己做产品包装盒嘛,既省去了外购的钱,又充分利用了生产能力,真是一举两得啊!"

　　会计主任李达说："赵经理的意见对我很有启发，根据目前工业企业统一会计制度的规定，我们编制利润表是采用完全成本法，如能充分利用生产能力，就可把单位固定成本降低，单位产品成本自然会下降。所以说，只要充分利用我们的生产能力，即使销售部没有拉来大量订单，我们也可以自制产品包装盒，既可以摊薄固定生产成本，还能节省大笔采购成本。"

　　副总经理最后说："李主任的建议很好，我们就这样干。"

　　首先，A产品的包装盒企业一直外购，外购单价为0.6元，第四年在生产140 000件A产品的情况下，企业可以利用剩余的生产能力自制这种包装盒，自制单位成本为0.65元，其中直接材料0.20元，直接人工0.15元，变动制造费用0.10元，分摊的共同固定制造费用0.20元。假定剩余的生产能力如不自制也无其他用途，企业是自制还是外购？若不自制可以出租，租金收入为25 000元，企业是自制还是外购？若自制需增加专属固定成本15 000元，企业是自制还是外购？

　　其次，第四年在生产140 000件A产品的情况下，企业尚有部分有剩余生产能力可以生产10 000件A产品，某贸易洽谈会上有客户愿意出价5元订购A产品10 000件，企业是否接受这笔订单？若还需要追加专属固定成本1000元，企业是否接受这笔订单？

　　再者，A产品单件工时定额为3小时，企业可以利用生产10 000件A产品的剩余生产能力开发新产品，现有两种新产品B和C可供选择，有关资料如表4-1所示。

表4-1　A、B、C三种产品的数据对比

产品名称	A	B	C
销售单价/元	7.5	6	4
单位变动成本/元	4.5	3	2
单件工时定额/小时	3	2	1.5

　　根据资料分析企业开发哪种新产品更有利？若开发的此种新产品的市场需要量为20 000件，企业如何安排生产更有利？

　　最后，由于原材料、人工成本的增加，企业的利润空间越来越小，销售单价的变动对企业的利润最为敏感。而大幅提价后必定会带来销量的减少，企业在激烈的市场竞争中生存，又不得不艰难抉择，如果销售业绩一直不错的老牌产品A产品单位变动成本增加为6.0元，销售单价提到8.5元，而刚开发的新产品B产品的单位变动成本增加为4.5元，销售单价提到8.0元。假定企业两种产品的销量维持不变，成本增加后提价与不提价的情况相比，企业的利润有何改变？若提价后销量下降不大或是提价后销量下降很多，企业如何决策更有利？

【教学引导】

一、案例提要

ZHL 厂预计第四年企业要实现的销量达到 140 000 件的情况下，企业仍然有剩余生产能力可用，自制包装盒、接受追加订货或是开发新产品均可。由于原材料、人工成本的增加，企业的利润空间越来越小，希望通过提价获得更好收益。

二、案例思考

1. 采用差量分析法的关键之处在哪里？说出公式和结论。

2. 应用贡献毛益分析法的原则是什么？说出选优标准和结论。

3. 本量利分析法中业务量分界点是如何算出来的？说出公式和结论。

4. 在给定的不同情况下，企业的药品包装盒选择自制还是外购较好？

5. 在给定的不同情况下，企业是否接受这笔订单？

6. 剩余的生产能力让企业开发哪种新产品更有利？为了满足新产品的市场需要量，企业又将如何安排生产更有利？

7. 成本的增加引发的提价前后对比会对企业的利润有何影响？试分析在成本增加而维持销量不变的情况下，提价前后利润的变化。若提价后销量下降不大或是提价后销量下降很多，企业如何决策更有利？

【教学过程】

一、数据分析

1. 自制 A 产品包装盒分摊的共同固定制造费用 0.20 元，在企业有剩余生产能力范围内属于决策无关成本，固定制造费用总额不会随着生产量的增加而增加，只是单位固定制造费用会下降。根据资料计算自制的单位变动成本为_____元。

2. A 产品正常销量 140 000 件的情况下，销售单价为 7.5 元，而贸易洽谈会上的这笔 10 000 件 A 产品订单，客户的出价仅为 5 元，而且还有专属固定成本 1000 元。

3. A 产品单件工时定额为 3 小时，利用生产 10 000 件 A 产品的剩余生产能力_____小时开发新产品，现有两种新产品 B 和 C 可供选择，它们各自的单位贡献毛益和单件工时定额各不相同，固定制造费用总额不会增加，属于决策无关成本。

4. 若选择开发 B 产品，提价前后销量维持不变，A、B 两种产品提价前后有关销售单价、单位变动成本的数据如表 4-2 所示（注：[]为提价后数据）。

表 4-2　A、B 两种产品数据对比

产品名称	A	B
销售单价/元	7.5 [8.5]	6 [8]
单位变动成本/元	4.5 [6]	3 [4.5]

① 若提价后，A、B 产品的市场销量都小幅下降，其中：老牌产品为 A 产品，市场销量能达到 130 000 件；新产品为 B 产品，市场销量能达到 19 000 件。

② 若提价后，A、B 产品的市场销量都大幅下降，其中：老牌产品为 A 产品，市场销量能达到 80 000 件；新产品为 B 产品，市场销量能达到 9000 件。

二、问题解答

1. 采用差量分析法的关键之处在哪里？说出公式和结论。

2. 应用贡献毛益分析法的原则是什么？说出选优标准和结论。

3. 本量利分析法中业务量分界点是如何算出来的？说出公式和结论。

4. 企业利用剩余生产能力自制包装盒，固定制造费用属于决策无关成本，企业自制还是外购，需视不同情况作出抉择：

(1) 假定剩余的生产能力如不自制也无其他用途，只要比较自制单位变动成本和外购单价孰低即可。

(2) 企业剩余生产能力若不自制可以出租，租金收入为 25 000 元，此时租金收入为自制方案的机会成本，只要比较自制方案和外购方案的总成本孰低即可。

(3) 若自制需增加专属固定成本 15 000 元，除了可以比较两种方案的成本孰低外，还可以通过计算补偿追加专属固定成本所需的产量，即通过成本分界点来确定企业在什么产量范围内选择何种方案较好。

5. 企业在 A 产品 140 000 件的正常销量情况下计算利润时，固定成本已经全部补偿，企业是否接受追加订货主要从以下几方面考虑：

（1）从生产能力看：

（2）结合表 4-3 从生产总成本进行分析：

表 4-3　不接受和接受订货比较分析

项　目	不接受订货(140 000 件)	接受订货(150 000 件)
直接材料		
直接人工		
变动制造费用		
固定制造费用总额		
生产总成本		
单位生产成本		

（3）结合表 4-4 从贡献毛益定价法的特殊情况分析：

表 4-4　正常订货和额外订货分析

项　目	正常订货量 140 000 件	额外订货量 10 000 件	合　计
销售收入			
变动成本			
贡献毛益			
固定成本			
税前利润			

（4）是否有专属固定成本发生也是考虑的内容。分析如下：

6. 利用剩余生产能力 30 000 小时开发新产品的决策，可以按照单位小时提供的贡献毛益或贡献毛益总额的标准选优。

（1）从单位小时提供的贡献毛益，计算利用 30 000 小时获得的贡献毛益总额进行分析，如表 4-5 所示。

表 4-5　从单位小时提供的贡献毛益计算开发新产品分析

产品名称	B	C
销售单价/元		
单位变动成本/元		
单位贡献毛益/元		
单件工时定额/小时		
单位小时提供的贡献毛益/元/小时		
贡献毛益总额/元		

结论：

（2）从利用 30 000 小时生产的最大产量，计算获得的贡献毛益总额进行分析，如表4-6所示。

表4-6 从最大产量计算开发新产品分析

产品名称	B	C
销售单价/元		
单位变动成本/元		
单位贡献毛益/元		
单件工时定额/小时		
最大产量/件		
贡献毛益总额/元		

结论：

（3）企业最大的生产能力为450 000小时，在生产老产品A产品140 000件的情况下，决定利用剩余生产能力开发_____产品，最大产量为_____件，企业获得的贡献毛益总额为_____元。

（4）若选择开发B产品，而新产品的市场需要量为20 000件，如何安排生产对企业更有利，需要进一步分析老产品A产品和新产品B产品的盈利能力，保证既充分利用生产能力，又能提供比先前更多的贡献毛益，参见表4-7。

表4-7 生产安排分析

产品名称	A	B
销售单价/元		
单位变动成本/元		
单位贡献毛益/元		
单件工时定额/小时		
单位小时提供的贡献毛益/元/小时		

表 4 - 7 分析如下：

　　(5) 由于生产 A 产品不如 B 产品对企业有利，而且 B 产品的市场需要量为 20 000 件，企业通过减少 A 产品的生产让 B 产品的最大产量达到 20 000 件，在满足 450 000 小时的生产能力范围内，企业如何安排 A 产品的生产才能获得更好的收益，现分析如下：

　　(6) 若不改变 A 产品的生产量，又要满足市场前景看好的 B 产品的市场需要量 20 000 件，那么企业应当：

　　7. 成本增加引发的提价前后对比会对企业的利润有何影响？现从以下几个方面分析：
　　(1) 成本增加和提价前后，销量维持不变，即 A 产品销售_____件而 B 产品销售_____件情况下：
　　① 成本没增加，不提价，参见表 4 - 8。

表4-8 综合贡献毛益率计算表 单位：元

产品名称	A	B	合计
销售单价			
单位变动成本			
单位贡献毛益			
销售量（件）			
销售收入			
销售比重			
贡献毛益率			

综合保本额＝

A产品保本额＝

A产品保本量＝

B产品保本额＝

B产品保本量＝

利润＝

② 成本增加，不提价，参见表4-9。

表4-9 综合贡献毛益率计算表 单位：元

产品名称	A	B	合计
销售单价			
单位变动成本			
单位贡献毛益			
销售量/件			
销售收入			
销售比重			
贡献毛益率			

综合保本额＝

A产品保本额＝

A产品保本量＝

B产品保本额＝

B产品保本量＝

利润＝

③ 成本增加，提价，参见表4-10。

表 4-10 综合贡献毛益率计算表 单位：元

产品名称	A	B	合计
销售单价			
单位变动成本			
单位贡献毛益			
销售量/件			
销售收入			
销售比重			
贡献毛益率			

综合保本额＝

A 产品保本额＝

A 产品保本量＝

B 产品保本额＝

B 产品保本量＝

利润＝

（2）维持销量不变，成本增加前后都不提价，即表 4-8 和表 4-9 的数据对比分析可知：

结论：

（3）维持销量不变，成本增加提价前后，即表 4-9 和表 4-10 的数据对比分析可知：

结论：

（4）维持销量不变，成本没增加不提价和成本增加提价，即表 4-8 和表 4-10的数据对比分析可知：

结论：

（5）若成本增加提价后，AB 产品的市场销量都小幅下降，其中：老牌产品为 A 产品，市场销量能达到 130 000 件；新产品为 B 产品，市场销量能达到 19 000 件。

① 成本增加提价，A、B 市场销量小幅下降，参见表 4-11。

表 4-11　综合贡献毛益率计算表　　　　　单位：元

产品名称	A	B	合计
销售单价			
单位变动成本			
单位贡献毛益			
销售量/件			
销售收入			
销售比重			
贡献毛益率			

综合保本额＝

A 产品保本额＝

A 产品保本量＝

B 产品保本额＝

B 产品保本量＝

利润＝

② 成本增加提价后，A、B 产品的市场销量都小幅下降，从表 4-10 和表 4-11 分析可知：

结论：

(6) 若提价后，A、B 产品的市场销量都大幅下降，其中：老牌产品为 A 产品，市场销量能达到 80 000 件；新产品为 B 产品，市场销量能达到 9000 件。

① 成本增加提价，A、B市场销量大幅下降，参见表4-12。

表4-12　综合贡献毛益率计算表　　　　　　单位：元

产品名称	A	B	合计
销售单价			
单位变动成本			
单位贡献毛益			
销售量/件			
销售收入			
销售比重			
贡献毛益率			

综合保本额＝

A产品保本额＝

A产品保本量＝

B产品保本额＝

B产品保本量＝

利润＝

② 成本增加提价后，A、B产品的市场销量都大幅下降，从表4-10和表4-12分析可知：

结论：

【部分答案】

问题解答1

差量分析法就是根据两个备选方案的差量收入与差量成本的比较来确定哪个方案较优的方法。应用此法关键在于：只考虑那些对备选方案的预期收入和预期成本会发生影响的项目，至于那些不相关的因素，则一概予以剔除。下面用公式表示：

（1）$\Delta R = R_甲 - R_乙$

（2）$\Delta C = C_甲 - C_乙$

（3）$\Delta P = \Delta R - \Delta C$

（4）$\Delta P > 0$，甲优

（5）$\Delta P < 0$，乙优

问题解答 2

贡献毛益分析法是指在固定成本总额不变的情况下，通过对比不同备选方案所提供的贡献毛益总额的多少进行选优的方法。以备选方案提供的贡献毛益总额的大小或者单位人工工时、机器小时等生产能力所创造的贡献毛益的大小作为选优标准，绝对不能以单位产品提供的贡献毛益大小作为选优的依据。如果在决策中发生专属固定成本，那么需要在贡献毛益总额中扣除专属固定成本后的剩余贡献毛益总额作为选优标准。

问题解答 3

确定成本分界点即两个备选方案的预期成本相等的业务量，计算出成本分界点后，就可以确定在什么业务量范围内哪个方案较优。在决策时，若预期需求量小于成本分界点时，应选择固定成本总额小、单位变动成本大的方案；若预期需求量大于成本分界点时，则应选择固定成本总额大、单位变动成本小的方案。

$$
\text{成本分界点业务量 } X_0 = \frac{\text{两个方案固定成本总额的差额}}{\text{两个方案单位变动成本的差额}}
$$

$$
= \frac{\text{甲方案固定成本总额} - \text{乙方案固定成本总额}}{\text{乙方案单位变动成本} - \text{甲方案单位变动成本}}
$$

$$
= \frac{a_甲 - a_乙}{b_乙 - b_甲}
$$

问题解答 4

（1）自制；（2）外购；（3）自制。

问题解答 5

接受订单。

问题解答 6

开发 B。

案例五　全面预算管理案例

预算是计划工作的成果，是计划的具体数量说明。预算作为计划具体体现的有效执行过程，也就是企业经济资源优化配置的过程，是一种使企业资源获得最佳生产率和获利率的方法。

全面预算中业务预算和财务预算的预算编制期通常为一年，并与企业的会计年度一致，通常都是按年份季度编制。编制的顺序是先销售预算，后以销定产编制生产预算、直接材料采购预算、直接人工预算、制造费用预算、销售成本预算、销售及管理费用预算，同时编制各项专门决策预算，最后根据业务预算与专门决策预算编制财务预算。

教学案例

目前 ZHL 厂只生产一种产品 A，销售单价为 7.5 元，前三年的销量分别是 80 000 件、100 000 件和 120 000 件，即使按照预计第四年企业要实现的目标利润同步增长，销量也要同步增长 20 000 件，销量达到 140 000 件。

该厂的全面预算是按年分季进行编制，现在要编制第四年的全面预算所需的资料如下：

（1）销售单价为 7.5 元，根据销售预测，四个季度的销售量分别为：

摘要	一季度	二季度	三季度	四季度	全年
预计销售量/件	32 000	35 000	28 000	45 000	140 000

其中上年末应收回的销货款为 129 000 元，根据历史资料，当季收到销货款的占 60%，企业下季收讫。

（2）每个季度产成品的期末存货量为下一季度销售量的 20%，本年末存货量为 8000 件。

（3）假定生产的产品只需要一种原材料，单位产品的材料消耗定额为 1 千克，采购单价为 2 元/千克。根据历史资料，每季度的购料款当季付一半，其余下季度付清。年初应付材料款为 45 000 元，每个季度材料的期末库存量按下一季度生产需要量的 25% 计算，本年末预计材料库存量为 8000 千克。

（4）预算年度单位产品的工时定额为 3 小时，小时工资率为 1/3 元，并且当期全部以现金支付直接人工工资。

（5）预算年度制造费用按照成本习性划分的资料如表 5-1 所示。

表 5-1　制造费用预算　　　　　　　　　　单位：元

摘　要		金　额
变动	间接人工	40 000
	间接材料	60 000
制造	水电费	20 000
	维修费	21 600
费用	合计	141 600
固定	管理人员工资	100 000
	维护费	53 200
制造	保险费	30 000
	设备折旧费	100 000
费用	合计	283 200

说明：只有设备折旧费不需现金支付，固定制造费用按年分季均分。

（6）预算年度销售及管理费用按照成本习性划分的资料如表 5-2 所示。

表 5-2　销售及管理费用预算　　　　　　单位：元

摘　要		金　额
变动销售及管理费用	推销人员工资	20 000
	运杂费	16 000
	包装费	24 000
	办公费	10 000
	合计	70 000
固定销售及管理费用	行政管理人员工资	4000
	广告费	2400
	保险费	2000
	财产税	1600
	合计	10 000

说明：全部销售及管理费用都需现金支付，固定销售及管理费用按年分季均分。

（7）预算年度专门决策发生的现金支出包括：前两个季度分别添置固定资产，金额为 84 000 元和 66 000 元，每季度预付所得税为 7500 元，最后一季度支付利润 33 000 元。

（8）公司按年分季编制现金预算，各季度末现金余额不得低于 10 000 元，否则将向银行借款，借款数额一般为千元的整数倍，借款利率为年利率 10％，企业借款均在季度初，偿还本金及利息均在季度末，预算年度第一季度初的现金余额为 11 000 元。

（9）假定考虑预算年度产品销量的变化，从 110 000 件到 150 000 件每隔 10 000 件编制弹性利润预算。

（10）假定预算年度编制销售及管理费用预算时，拟采用零基预算。根据历史资料进行"成本—效益分析"，包装费 1 元成本收益 30 元，广告费 1 元成本收益 20 元。计划期间对于销售及管理费用可动用的财力资源只有 65 000 元，如何排列层次和顺序？分配资金落实预算。

【教学引导】

一、案例提要

ZHL 厂按照预计第四年要实现的目标利润增长，当销量达到 140 000 件的情况下，企业需要以销定产确定生产量、直接材料采购量、直接人工成本、制造费用等预算，同时编制各项专门决策预算，最后根据业务预算与专门决策预算编制财务预算。

二、案例思考

1. 企业编制全面预算的作用体现在哪些方面？它的主要内容之间有什么关系？

2. 为什么要首先编制销售预算？在实际工作中还要注意什么问题？

3. 生产预算在编制业务预算中起到什么作用？

4. 在实际工作中编制直接材料采购预算时还要注意什么问题？

5. 当生产产品需要两个及以上工种时，编制直接人工预算需如何处理？

6. 编制制造费用预算时，对于折旧费等非付现成本如何处理？

7. 编制单位产品成本和期末存货预算、销售成本预算时需要什么资料？采用变动成本法和完全成本法有何区别？

8. 在实际工作中，编制销售及管理费用预算需要注意什么问题？

9. 专门决策预算与业务预算有何区别？

10. 财务预算包括哪些内容？编制时需要注意什么问题？

11. 为了克服静态预算的缺陷，企业应如何编制弹性预算？如果产品成本中有半变动成本，企业如何处理？

12. 为了克服基线预算的缺陷，企业如何编制零基预算？

【教学过程】

一、数据分析

1. 预算年度各季度的销售量预算及预计的现金收入计算表编制如表 5－3 所示。

表 5－3 销售预算　　　　　　　　单位：元

摘　要		一季度	二季度	三季度	四季度	全年
预计销售量/件						
销售单价						
预计销售收入						
预计现金收入 计算表	年初应收账款					
	第一季度销售收入					
	第二季度销售收入					
	第三季度销售收入					
	第四季度销售收入					
	现金收入合计					

注：年末的应收账款为

2. 根据预计销售量,编制预算年度的生产预算如表5-4所示。

表5-4 生产预算 单位:件

摘 要	一季度	二季度	三季度	四季度	全年
预计销售量					
加:期末存货量					
减:期初存货量					
预计生产量					

3. 根据预计生产量,预算年度各季度的直接材料采购量预算及预计的现金支出计算表编制如表5-5所示。

表5-5 直接材料采购预算 单位:元

摘 要		一季度	二季度	三季度	四季度	全年
预计生产量/件						
材料消耗定额/千克						
生产需要量/千克						
加:期末库存量/千克						
减:期初库存量/千克						
预计材料采购量/千克						
采购单价						
预计材料采购金额						
预计现金支出计算表	年初应付账款					
	第一季度采购款					
	第二季度采购款					
	第三季度采购款					
	第四季度采购款					
	现金支出合计					

注:年末的应付账款为

4. 根据预计生产量，编制预算年度的直接人工预算如表 5－6 所示。

表 5－6　直接人工预算　　　　　　　单位：元

摘　要	一季度	二季度	三季度	四季度	全年
预计生产量/件					
单位产品工时定额/小时					
预计直接人工工时/小时					
小时工资率					
预计直接人工成本					

5. 制造费用预算按成本习性分类通常分为变动制造费用和固定制造费用两部分编制。根据表 5－6 计算得知：

① 变动制造费用分配率＝

② 固定制造费用分配率＝

根据表 5－6 和资料(5)，预算年度根据制造费用的资料编制的预算及预计需现金支出的制造费用计算表如表 5－7 所示。

表 5－7　预计需现金支出的制造费用计算表　　　　单位：元

摘　要	一季度	二季度	三季度	四季度	全年
预计直接人工工时/小时					
变动制造费用分配率/元/小时					
变动制造费用小计					
固定制造费用					
减：设备折旧费					
以现金支付的制造费用合计					

6. 依前面资料，采用变动成本法和完全成本法编制预算年度的单位产品成本和期末存货预算如表 5－8 所示。

表 5-8　单位产品成本和期末存货预算　　　　单位：元

单位	成本项目	用量标准	价格标准	合计
	直接材料			
产品	直接人工			
	变动制造费用			
成本	单位变动生产成本			
	固定制造费用			
预算	单位产品成本			
期末	期末存货量/件			
存货	单位产品成本/(变动/完全)			
预算	期末存货成本			

7. 依前面资料，采用变动成本法和完全成本法编制预算年度销售成本预算如表 5-9 所示。

表 5-9　销售成本预算　　　　单位：元

摘　要	一季度	二季度	三季度	四季度	全年
预计销售量/件					
单位产品成本/(变动)					
预计变动生产成本					
单位产品成本/(完全)					
预计销售成本					

8. 根据表 5-3 和资料(6)计算得知：

单位变动销售及管理费用＝

根据表 5-3 和资料(6)，公司在预算年度根据销售及管理费用的资料编制的预算及预计需现金支出的销售及管理费用计算表如表 5-10 所示。

表 5 – 10 预计需现金支出的销售及管理费用计算表　单位：元

摘要	一季度	二季度	三季度	四季度	全年
预计销售量/件					
单位变动销售及管理费用/（元/件）					
变动销售及管理费用小计					
固定销售及管理费用					
以现金支付的销售及管理费用合计					

9. 根据资料(7)，为了给编制现金预算提供资料，编制预算年度需现金支出的专门决策预算如表 5 – 11 所示。

表 5 – 11 需现金支出的专门决策预算　单位：元

摘要	一季度	二季度	三季度	四季度	全年
添置固定资产					
预付所得税					
支付利润					
现金支出合计					

10. 根据以上各种预算中的有关现金收支的资料和资料(8)，编制预算年度的现金预算如表 5 – 12 所示。

表 5 - 12　现金预算　　　　　　　　　　单位：元

摘　要	一季度	二季度	三季度	四季度	全年
期初现金余额					
加：本期现金收入(表5-3)					
现金收入小计					
减：本期现金支出					
直接材料采购(表5-5)					
直接人工(表5-6)					
制造费用(表5-7)					
销售及管理费用(表5-10)					
添置固定资产(表5-11)					
预付所得税(表5-11)					
支付利润(表5-11)					
现金支出小计					
现金多余或不足					
向银行借款					
偿还借款					
支付利息					
期末现金余额					

注：借款利率为年利率10％，企业借款均在季度初，偿还本金及利息均在季度末，则

第三季度末应支付的利息是：

第四季度末应支付的利息是：

11. 依前述有关各种预算资料，采用变动成本法和完全成本法编制预算年度公司的预计利润表如表5-13、表5-14所示。

表 5-13 预计利润表(变动成本法)   单位:元

摘　要	一季度	二季度	三季度	四季度	全年
销售收入(表 5-3)					
减:变动成本					
变动生产成本(表 5-9)					
变动销售及管理费用(表 5-10)					
变动成本小计					
贡献毛益					
减:固定成本					
固定制造费用(表 5-7)					
固定销售及管理费用(表 5-10)					
息税前利润					
减:利息支出(表 5-12)					
税前利润					
减:所得税(表 5-11)					
税后利润					

表 5-14 预计利润表(完全成本法)   单位:元

摘　要	一季度	二季度	三季度	四季度	全年
销售收入(表 5-3)					
减:销售成本(表 5-9)					
销售毛利					
减:销售及管理费用(表 5-10)					
息税前利润					
减:利息支出(表 5-12)					
税前利润					
减:所得税(表 5-11)					
税后利润					

注：从全年的角度分析两种成本计算法的差异如下：

12. 依前述，有关预算资料和上一年 12 月 31 日资产负债表，假定预算年度未涉及资产、负债及所有者权益项目的期末数与期初实际数一致，编制的预计资产负债表如表5－15、表 5－16 所示。

表 5－15　预计资产负债表（变动成本法）　　　单位：元

资　产	年初数	计算过程	年末数
流动资产			
现金	11 000	表 5－12	
应收账款	129 000	表 5－3（　　　）	
原材料存货	16 300	表 5－5（　　　）	
产成品存货	25 600	表 5－8（　　　）	
流动资产小计	181 900		
固定资产			
土地	60 000	不变	
房屋及设备	240 000	表 5－11（　　　）	
减：累计折旧	40 000	表 5－1（　　　）	
固定资产小计	260 000		
资产合计	441 900		
负债及所有者权益	年初数	计算过程	年末数
流动负债			
应付账款	45 000	表 5－5（　　　）	
短期借款	0	表 5－12（　　　）	
流动负债小计	45 000		
长期负债			
负债合计	45 000		
所有者权益			
实收资本	300 000	不变	
未分配利润	96 900	表 5－13（　　　）	
所有者权益合计	396 900		
负债及所有者权益合计	441 900		

表5-16　预计资产负债表(完全成本法)　　　单位：元

资　产	年初数	计算过程	年末数
流动资产			
现金	11 000	表5-12	
应收账款	129 000	表5-3(　　　　　)	
原材料存货	16 300	表5-5(　　　　　)	
产成品存货	38 400	表5-8(　　　　　)	
流动资产小计	194 700		
固定资产			
土地	60 000	不变	
房屋及设备	240 000	表5-11(　　　　　)	
减：累计折旧	40 000	表5-1(　　　　　)	
固定资产小计	260 000		
资产合计	454 700		
负债及所有者权益	年初数	计算过程	年末数
流动负债			
应付账款	45 000	表5-5(　　　　　)	
短期借款	0	表5-12(　　　　　)	
流动负债小计	45 000		
长期负债			
负债合计	45 000		
所有者权益			
实收资本	300 000	不变	
未分配利润	109 700	表5-14(　　　　　)	
所有者权益合计	409 700		
负债及所有者权益合计	454 700		

注：年初数是根据上一年12月31日资产负债表数字填列。

13. 根据资料(9)的要求，假定考虑预算年度产品销量的变化，销售单价7.5元，单位变动成本和固定成本总额见前面计算，编制的弹性利润预算如表5-17所示。

表 5-17 弹性利润预算　　　　　　　　单位：元

销售量/件					
销售收入					
减：变动成本					
贡献毛益					
减：固定成本					
税前利润					

14. 根据资料(6)和资料(10)的要求，编制零基预算的步骤如下：

首先，由销售及管理部门的全体职工反复协商一致认为计划期间发生的费用项目及开支水平参见表5-18。

表 5-18 费用项目及开支水平　　　　　　单位：元

费用项目	支出金额
推销人员工资	
运杂费	
包装费	
办公费	
行政管理人员工资	
广告费	
保险费	
财产税	
合计	

其次，对各项费用中属于酌量性成本的包装费和广告费，根据历史资料进行"成本—效益分析"。

最后，将所有费用项目按照性质和轻重缓急，分层次排顺序，根据企业可动用资金数额分配资金，落实预算。

第一层次：

第二层次：

二、问题解答

1. 企业编制全面预算的作用体现在哪些方面？它的主要内容之间有什么关系？

2. 为什么要首先编制销售预算？在实际工作中还要注意什么问题？

3. 生产预算在编制业务预算中起到什么作用?

4. 在实际工作中编制直接材料采购预算时还要注意什么问题?

5. 当生产产品需要两个及以上工种时,编制直接人工预算需如何处理?

6. 编制制造费用预算时,对于折旧费等非付现成本如何处理?

7. 编制单位产品成本和期末存货预算、销售成本预算时需要什么资料?采用变动成本法和完全成本法有何区别?

8. 在实际工作中，编制销售及管理费用预算需要注意什么问题？

9. 专门决策预算与业务预算有何区别？

10. 财务预算包括哪些内容？编制时需要注意什么问题？

11. 为了克服静态预算的缺陷，企业应如何编制弹性预算？如果产品成本中有半变动成本，企业如何处理？

12. 为了克服基线预算的缺陷，企业应如何编制零基预算？

【部分答案】

表 5-15 和表 5-16　年末数：

应收账款为 135 000 元；应付账款为 41 000 元；现金余额 10 775 元；

表 5-8　单位产品成本(变动/完全)4 元/6 元；

表 5-13 和表 5-14　税后利润 93 875 元/97 075 元；

表 5-15 和表 5-16　资产负债表合计数 503 775 元/519 775 元。

问题解答 1

全面预算是企业以货币量度表示全部经济活动计划的综合说明，它反映的是企业未来一定时期全部生产经营活动的财务计划。全面预算的作用主要体现在：① 明确目标；② 协调工作；③ 控制业务；④ 评价业绩。

全面预算具体内容包括：

(1)业务预算：① 销售预算；② 生产预算；③ 直接材料采购预算；④ 直接人工预算；⑤ 制造费用预算；⑥ 单位产品成本和期末存货预算；⑦ 销售成本预算；⑧ 销售及管理费用预算。

(2)专门决策预算。

(3)财务预算：① 现金预算；② 预计损益表；③ 预计资产负债表。

全面预算中的业务预算和财务预算的预算编制期通常为一年，并与企业的会计年度一致，通常都是按年分季度编制。

问题解答 2

业务预算是指企业日常发生的各项具有实质性的基本经济业务活动的预算。销售预算作为全面预算的起点，也是编制全面预算的关键。在实际工作中，销售预算编制除了销售量预算外，一般还要附加编制"预计现金收入计算表"，其中包括前期应收账款的收回以及本期销货款的收入，以备今后编制现金预算。

问题解答 3

生产预算是根据预计销售量和预计期初、期末产成品存货量计算的，目的是既考虑到企业的销售能力，又兼顾存货的多少，避免出现存货过多造成的资金积压和浪费，或者存货过少导致的销售收入下降的风险。

问题解答 4

预计生产量确定后，按照单位产品的材料耗用量，同时结合预计期初、期末库存材料量计算预计直接材料采购量，再根据材料单价得到预计直接材料采购额。在实际工作中，一般还要附加编制"预计现金支出计算表"，其中包括前期应付购料款的偿还以及本期材料款的支付，有助于现金预算的编制。

问题解答 5

如果产品的生产需要两个或两个以上工种，必须先按工种类别分别计算，然后加以汇总。

问题解答 6

制造费用预算按成本习性分类通常分为变动制造费用和固定制造费用两部分编制。制造费用中的绝大部分须于当期用现金支付，但固定资产折旧由于不涉及现金支出，为方便编制现金预算，可在制造费用预算总额中扣除非现金支付的制造费用数额，求得以现金支付的制造费用数额。

问题解答 7

单位产品成本需要直接材料、直接人工和制造费用预算的相关资料，期末产成品存货不仅影响到生产预算，其预计金额也直接对预计利润表和预计资产负债表产生影响。

问题解答 8

销售及管理费用预算是指制造业务以外的产品销售及管理费用的预算。这些费用也是按成本习性考察，类似于制造费用预算，其编制依据是销售预算和生产预算。实务中还附有预计销售及管理费用的现金支出计算表，以便于编制财务预算中的现金预算。

问题解答 9

专门决策预算是指企业为不经常发生的长期投资决策项目或一次性专门业务所编制的预算。它与在日常经营活动的基础上所编制的业务预算有明显的区别，因为专门决策不是经常性的预测和决策事项，需要投入大量资金并在较长时间(一年以上)内对企业的生产经营有持续影响的决策，也称"资本支出预算"或"资本预算"。另外，对于企业在预算年度支付利润或股利、预付所得税等一次性专门业务，也应编制专门决策预算。由于专门决策预算所涉及的决策事项每个企业不尽相同，因此没有统一的预算表格，企业可根据需要自行设计。

问题解答 10

财务预算是反映企业预算期内有关预计现金收支、经营成果和财务状况的预算，主要由现金预算、预计损益表和预计资产负债表组成。由于企业业务预算和专门决策预算等其他各种预算的资料都会在财务预算中反映，因此，其他各种预算也被称为"分预算"，而财务预算也称"总预算"。

现金预算的编制期愈短愈好，可按年度分季、季度分月或按旬、按周或逐日编制。它的四个组成部分：① 现金收入；② 现金支出；③ 现金多余或不足；

④ 资金的筹集与运用。

预计利润表反映预算期内企业的经营成果，其编制方法与一般财务报表中利润表相同。

预计资产负债表是在上期资产负债表的基础上，根据前述各种预算的有关资料和结果，对有关项目调整后编制的，为了使企业进行对比分析，所有项目的期初实际数与期末预计数一并列示。

问题解答 11

静态预算的严重缺点在于：每当实际发生的业务量与编制预算所根据的业务量产生差异时，各费用明细项目的实际数与预算数就无可比基础。弹性预算，是指在将成本划分为固定成本和变动成本的基础上，根据收入、成本同业务量之间的关系，预先估计到预算期间业务量可能发生的变动，按不同的预算期业务量水平标准编制的一套能适应多种业务量（一般是每隔 5％或 10％）的预算，也称为"动态预算"。其显著特点在于：预算随着业务量的变化而变化，具有伸缩性。弹性预算比固定预算更真实地说明企业各个部门的工作质量和效果，正确评价企业的各项工作，明确经济责任，有利于调动职工的积极性。

问题解答 12

基线预算的严重缺陷在于：它以过去的水平为基础，过分受基期预算的束缚，不能真实评价所提供的服务水平及效率，努力杜绝不合理的支出，结果容易造成预算不足，或是安于现状，助长低效和造成极大的浪费。

零基预算的全称是"以零为基础编制的计划和预算"，其优点在于：各项费用的预算数完全不受以往费用水平的约束，而是以零为起点，根据预算预算期的实际情况，按照各项开支的重要程度编制，有助于节约开支；而且能调动各级费用管理人员的积极性和创造性，控制监督企业的各项财务收支；同时促使各基层单位精打细算，力行节约，合理使用资金，提高资金的使用效果。

案例六　标准成本管理案例

标准成本管理由标准成本、差异分析和成本差异处理三部分组成。根据制定的标准成本，将实际发生的成本分为标准部分和偏离标准的部分，通过实际成本和标准成本的比较，揭示成本差异，进而对差异进行分析，以便及时发现问题、区分责任、分析原因，使成本在生产过程中得到有效控制。

实行成本控制是企业内部控制成本、评价和考核成本管理水平、降低成本、提高经济效益的重要途径。将事前成本计划、日常成本控制和最终产品成本进行有机结合，对成本控制有重要意义。

ZHL厂目前只生产一种产品A，其产品成本计算采用标准成本管理，设置"原材料""库存商品""生产成本"等存货账户，均按标准成本计价。成本差异账户设置9个：直接材料价格差异、直接材料用量差异、直接人工工资率差异、直接人工效率差异、变动制造费用效率差异、变动制造费用耗费差异、固定制造费用效率差异、固定制造费用耗费差异、固定制造费用闲置能量差异。原材料在生产开始时一次投入，在产品直接材料成本约当产成品的系数为1；除直接材料外的其他费用陆续发生，其在产品约当产成品的系数为0.6。成本差异采用"结转本期损益法"，在每月末结转"主营业务成本"账户。

生产产品A只需要一种甲材料，经过技术人员测算，每生产单位A产品正常耗用甲材料0.75千克，允许损耗0.15千克，允许废品损失0.1千克。外购单价预计为每千克1.5元，运输费为0.4元/千克，装卸及搬运费为0.1元/千克；单位产品的工时定额为3小时，小时工资率为1/3元；预算年度生产能量为424 800小时，制造费用按照成本习性划分，变动制造费用为141 600元，固定制造费用为283 200元。预算年度销售140 000件，销售及管理费用也按照成本习性划分，变动销售及管理费用70 000元，固定销售及管理费用10000元。

本月购入材料12 500千克，实际成本26 250元，货款暂未付；本月投产

11 800 件，本月生产领用 12 000 千克；本月实际耗用工时 34 980 小时，应付生产工人工资 13 992 元；实际发生变动制造费用 10 494 元，实际发生固定制造费用 24 486 元。

本月月初在产品 2400 件，本月完工入库 12 000 件，月末在产品 2200 件，月初产成品 1800 件，本月销售 11 700 件，销售单价 7.5 元，不考虑增值税，货款暂未收到。本月实际发生变动销售及管理费用 5800 元，固定销售及管理费用 900 元，以现金支付。

【教学引导】

一、案例提要

ZHL 厂产品成本计算采用标准成本管理，设置"原材料""库存商品""生产成本"等存货账户，均按标准成本计价。成本差异账户设置 9 个并采用"结转本期损益法"处理成本差异。根据资料要求按照标准成本管理的三个部分做相应的计算分析和账务处理。

二、案例思考

1. 标准成本的含义是什么？通常有几种类型？
2. 标准成本管理包括几部分的内容？具体有什么作用？
3. 解释成本差异的概念及其通用模型。
4. 阐述结转本期损益法的优缺点及适用范围。

【教学过程】

一、数据分析

1. 单位产品标准成本的制定

(1) 直接材料的数量标准＝

(2) 直接材料的价格标准＝

(3) 变动制造费用分配率＝

(4) 固定制造费用分配率＝

假设直接材料用 R 表示，直接人工用 L 表示，制造费用用 M 表示，按照公式 $C_标 = \sum QR_标 \ PR_标 + \sum QL_标 \ PL_标 + \sum QM_标 \ PM_标$，计算后填入表 6-1。

表 6-1 单位产品标准成本计算表　　　　单位：元

成本项目	数量标准	价格标准	单位产品标准成本
直接材料			
直接人工			
变动制造费用			
固定制造费用			
单位产品成本			

2. 成本差异的计算与分析

（1）本月购入材料 12 500 千克，实际成本 26 250 元，平均每千克
_____ 元。

直接材料价格差异＝

会计分录：

差异原因：

（2）本月生产 11 800 件，领用材料 12 000 千克。

直接材料用量差异＝

会计分录：

差异原因：

（3）本月实际耗用工时 34 980 小时，应付生产工人工资 13 992 元，平均
_____元/小时。

为了确定应记入"生产成本"账户的标准成本数额，需计算本月实际完成的
约当产量。在产品约当完工产品的系数为 0.6，月初在产品 2400 件，本月投产
11 800 件，本月完工入库 12 000 件，月末在产品 2200 件。

本月完成的约当产量＝

直接人工工资率差异＝

或者：本月完成的约当产量＝

直接人工工资率差异＝

直接人工效率差异＝

会计分录：

差异原因：

（4）本月实际发生变动制造费用 10 494 元，实际费用分配率为_____
元/小时。

变动制造费用耗费差异＝

变动制造费用效率差异＝

会计分录：

差异原因：

（5）预算年度生产能量为 424 800 小时，每月生产能量为_____小时；固定制造费用为 283 200 元，每月固定制造费用预算数为_____元；本月实际发生固定制造费用 24 486 元，实际费用分配率为_____元/小时。

固定制造费用耗费差异＝

固定制造费用闲置能量差异＝

固定制造费用效率差异＝

会计分录：

差异原因：

3. 完工产品入库结转

本月初在产品存货 2400 件，其标准成本为_____元。由于原材料一次投入，在产品存货中含原材料成本_____元。其他成本项目采用约当产量法计算，在产品约当完工产品的系数为 0.6；2400 件在产品的其他成本项目中，直接人工＿＿＿＿＿＿元，变动制造费用＿＿＿＿＿＿＿元，固定制造费用＿＿＿＿＿＿＿元。本月投产 11 800 件，完工入库 12 000 件，月末在产品 2200 件。

本月完工入库 12 000 件，完工产品标准成本＝

会计分录：

上述分录过账后，"生产成本"账户余额为＿＿＿＿＿＿＿元，其中直接材料标准成本＿＿＿＿＿＿＿元，直接人工＿＿＿＿＿＿＿元，变动制造费用＿＿＿＿＿＿＿元，固定制造费用＿＿＿＿＿＿＿元。

生产成本账户的借贷双方金额测算平衡如下：

生产成本借方金额＝

生产成本贷方金额＝

产品成本明细账如表 6-2 所示。

表 6-2　产品成本明细账　　　　　　　　　单位：元

摘　要	直接材料	直接人工	变动制造费用	固定制造费用	合计
月初在产品成本					
本月发生生产费用					
生产费用累计					
完工产品成本					
月末在产品成本					

4. 产品销售账务处理

（1）月初产成品 1800 件，本月销售 11 700 件，销售单价 7.5 元，小计＿＿＿＿＿＿＿元，不考虑增值税，货款暂未收到。

会计分录：

（2）结转已销产品成本＝

会计分录：

上述分录过账后，"库存商品"账户期末余额为_____元。它反映_____件期末存货的标准成本。

（3）本月实际发生变动销售及管理费用 5800 元，固定销售及管理费用 900元，以现金支付。

会计分录：

5. 结转成本差异

企业采用"结转本期损益法"处理成本差异：月末根据各成本差异账户的借、贷方余额编制"成本差异汇总表"，将成本差异净额作为主营业务成本的调整项目，如表 6-3 所示。

表 6-3　成本差异汇总表　　　　　　单位：元

账户名称	借方（超支）	贷方（节约）
直接材料价格差异		
直接材料用量差异		
直接人工工资率差异		
直接人工效率差异		
变动制造费用耗费差异		
变动制造费用效率差异		
固定制造费用耗费差异		
固定制造费用闲置能量差异		
固定制造费用效率差异		
合计		
成本差异净额		

会计分录：

月终根据上述资料编制利润表如表 6-4 所示。

表 6-4　利润表　　　　　　　　　　　　　单位：元

产品销售收入	
产品销售成本	
销售毛利	
成本差异净额（借方－；贷方＋）	
调整后的销售毛利	
变动销售及管理费用	
固定销售及管理费用	
税前利润	

二、问题解答

1. 标准成本的含义是什么？通常有几种类型？

2. 标准成本管理包括几部分的内容？具体有什么作用？

3. 解释成本差异的概念及其通用模型。

4. 阐述结转本期损益法的优缺点及适用范围。

【部分答案】

表 6-1　单位产品标准成本 6 元。

表 6-3　直接材料价格差异 1250 元；用量差异 400 元。

　　　　直接人工工资率差异 2332 元；效率差异－220 元。

　　　　变动制造费用耗费差异－1166 元；效率差异－220 元。

　　　　固定制造费用耗费差异 886 元；闲置能量差异 280 元；效率差异－440 元。

问题解答 1

标准成本是一种"应该成本"。标准成本通常有以下几种类型：

(1) 理想的标准成本；

(2) 正常的标准成本；

(3) 现行可达到的标准成本。

问题解答 2

标准成本管理是集成本分析、成本控制和成本计算为一体的成本计算制度，它包括成本标准的制定、成本差异的计算与分析及成本差异的账务处理三大部分。具体有如下几个方面的作用：

(1) 有利于控制成本，加强成本控制水平；

(2) 有利于企业各部门的业绩考核，为有效管理提供数据；

(3) 为企业的新品定价等经营决策提供依据；

(4) 能够简化成本计算及成本核算的账务处理工作；

(5) 有利于企业编制预算和预算控制；

(6) 能够为对外财务报表的编制提供基础资料。

问题解答 3

成本差异是指产品的实际成本与标准成本之间的差额，也称标准差异。如果实际成本超过标准成本，其差异称为逆差，是不利差异，用 U 表示；如果标准成本超过实际成本，其差异称为顺差，是有利差异，用 F 表示。

成本差异的通用模式归纳如下：

① 实际价格×实际数量，② 标准价格×实际数量，③ 标准价格×标准

数量。

价格差异＝①－②

　　　　＝实际价格×实际数量－标准价格×实际数量

　　　　＝（实际价格－标准价格）×实际数量

数量差异＝②－③

　　　　＝标准价格×实际数量－标准价格×标准数量

　　　　＝（实际数量－标准数量）×标准价格

总差异＝①－③

　　　＝实际价格×实际数量－标准价格×标准数量

　　　＝价格差异＋数量差异

通过上述差异计算的通用模式可以看出，差异计算分析的做法是：价格差异的计算建立在实际数量基础之上，数量差异的计算建立在标准价格基础之上。

直接材料价格差异，一般应由采购部门负责。直接材料用量差异，一般应由领用料的生产部门负责。

通常情况下，直接人工效率差异由生产部门负责，但如果是由生产部门不可控因素造成的，则应由相关部门负责。直接人工工资率差异相对于效率差异，比较容易确定。工资率是聘用合同中的条款规定的，实际支付与预算额不会出现差异，一般应由主管人事的部门负责。

变动制造费用耗费差异原因应根据变动制造费用明细项目进行深入分析，通常是部门经理的责任。变动制造费用的效率差异其形成原因与人工效率差异相同。

对固定制造费用的控制与管理，除了考察固定制造费用总额的变化外，还要注意生产和销售数量的变化对单位产品成本中固定制造费用的影响。

问题解答 4

结转本期损益法是在会计期末时所有本期差异转入"本年利润"账户，或者先将差异转入"主营业务成本"账户，再随同主营业务成本一起转到"本年利润"账户。如果为有利差异，则应增加当期的收益；如果是不利差异，则应冲减当期的收益。在这种方法下，资产负债表上的"在产品"项目和"产成品"项目只反映标准成本。

结转本期损益法的优点是省却了复杂的成本差异分配工作，使产品成本的计算和账务处理大为简化；缺点是如果标准成本已经过时，则不仅会导致本期经营成果不实，而且使存货成本严重脱离实际成本。因此，在成本差异数额不大时宜采用此法。

附　　录

【写作说明】

一、围绕案例思考题，结合相应的数据资料，利用图表等形式完成报告，内容模板格式见下页。

二、按照内容模板要求展开论述，注意封面和目录格式要求。

（一）文科的表述层级如下：

一、

（一）

1.

（1）

（2）

（）括号即是标点，不要再加其他标点。

（二）每个层级标题不能太长，后面不要加标点，遇到不能列出层级小标题时，应该有条理地分段表述，标明层级如：

首先，

其次，

再者，

最后，……

（三）每段首行缩进两个字符，报告内容统一为宋体五号。

（四）图表统一为宋体小五，图号在图的下方，表号在表的上方。

三、每个案例报告完成后要另起一页，不要连着写。

四、记得标上页码，直接插入页码在页脚居中即可。

案例一 成本核算案例【黑体三号】

负责人：×××学号：×××××××××【宋体小四】
如果案例由两人以上负责，请写明分工

一、背景知识导入【黑体四号】

（一）案例背景【黑体小四】

××××××××××××××××××××××××××
××××××××××××××××××××××××××
×××××××××××××××××××

【阐述内容，段落首行缩进 2 字符，宋体五号，不加粗】

（二）相关知识【黑体小四】

××××××××××××××××××××××××××
××××××××××××××××××××××××××
×××××××××××××××××××

【阐述内容，段落首行缩进 2 字符，宋体五号，不加粗】

二、数据计算过程【黑体四号】

（一）数据来源【黑体小四，加粗】

××××××××××××××××××××××××××
××××××××××××××××××××××××××
×××××××××××××××××××

【阐述内容，段落首行缩进 2 字符，宋体五号，不加粗】

（二）数据计算【黑体小四】

1. ×××××××【黑体五号】

××××××××××××××××××××××××××
××××××××××××××××××××××××××
×××××××××××××××××××

【阐述内容，段落首行缩进 2 字符，宋体五号，不加粗】

2. ×××××××【黑体五号】

××××××××××××××××××××××××××
××××××××××××××××××××××××××

××××××××××××××××××××××××

　　【阐述内容，段落首行缩进 2 字符，宋体五号，不加粗】

三、案例分析评价【黑体四号】

（一）分析结果【黑体小四】

　　××××××××××××××××××××××××
××××××××××××××××××××××××
××××××××××××××××××××

　　【阐述内容，段落首行缩进 2 字符，宋体五号，不加粗】

（二）评价建议【黑体小四】

　　××××××××××××××××××××××××
××××××××××××××××××××××××
××××××××××××××××××

　　【阐述内容，段落首行缩进 2 字符，宋体五号，不加粗】

杭州电子科技大学信息工程学院

实践环节

成本管理会计课程实验

系 ×××××

专　　业 ×××

班　　级 ××××××××××

学号姓名 ××××××××××　×××

××××××××××　×××

××××××××××　×××

指导教师 赵红莉

目　录

参 考 文 献

[1] 易颜新，赵红莉. 等. 成本管理会计. 2 版. 北京：经济科学出版社，2014.

[2] 易颜新，赵红莉. 等. 成本管理会计习题与教学案例. 北京：经济科学出版社，2014.